LOVE AND LIFE
L'AMOUR ET LA VIE

Kellyann Chippendale

To order additional copies of this book, contact:
Xlibris
844-714-8691
www.Xlibris.com
Orders@Xlibris.com

ISBN: Softcover   979-8-3694-2438-4
        Hardcover   979-8-3694-3656-1
        EBook   979-8-3694-2439-1

Library of Congress Control Number: 2024913301

Print information available on the last page

Rev. date: 12/17/2024

Eiffel Excellence, Paris, France

Table des Matières

Table of Contents

Cup of Joe, Venice, California

Grace of Peace, Monaco, Monte Carlo

Dedicaciones
À ma grand-mère,
Constance "Connie" Callahan,
aussi connue sous le nom de
"Bubs"
en raison de sa personnalité pétillante et de sa capacité à faire des bulles quand elle
était bébé. Merci d'avoir toujours donné et inspiré l'amour à tous.

Dedication
To My Gram,
Constance "Connie" Callahan
also known as
"Bubs"
because of her bubbly personality and her blowing bubbles
ability as a baby. Thanks for always giving your heart
and inspiring love for and to all.

Reconnaissance et Inspiration

Cher Daisaku Ikeda et Mes Inspirations,

Un grand merci! Ce livre est un hommage à votre engagement constant envers la paix, la culture et l'éducation qui a touché la vie de nombreuses personnes dans plus de 192 pays à travers le monde. Votre sagesse profonde, votre âme compatissante, votre esprit de vainqueur et votre empreinte continuent d'inspirer et d'élever l'humanité. Ce livre vous est dédié en signe de gratitude pour vos efforts inlassables dans l'éducation et à promouvoir la paix par le dialogue, la connexion et la compréhension à travers l'esprit humain. Merci à mes leaders bouddhistes, Sheilah Grenham, Suzan Solomon, Shirley O'Neill, Karen Malina White, Michelle Kleeman, Pasean Ashley, Anita et Rahn Coleman, Amba, Nadia Nardini, Roberta Hanlon et Claire Loewenau pour votre dialogue, votre leadership, vos cœurs solides et votre encadrement.

J'aimerais également exprimer ma sincère gratitude aux éducateurs et entraîneurs dévoués de Kearny, l'éducation et l'athlétisme du New Jersey, notamment à Mme Terry Kaag, Mme Mary Pat (Schilling) Hosler, Mme Marilyn Hummer, Mme Antoshkiew, Mlle Miller, Mme Patricia Jahn, Jackie Richardson et Patty Blood, ainsi qu'aux entraîneurs/enseignants : Howard Schulze, Robert (Was) Wasilak, Kathleen et Billy Clifton, Bob Cifelli, Bob Cressman, Dr. Susan Onnembo et Maureen Balint Mulligan pour vos cœurs dévoués et votre dévouement à l'excellence. Merci aussi à Lisa Feorenzo pour m'avoir donné mon premier emploi de photojournaliste au journal The Observer. Voilà !

J'apprécie vos grands cœurs, votre dévouement et d'avoir nourri mon esprit et mon âme, ainsi que pour avoir cultivé la fierté du lieu de naissance avec cette mentalité de travail d'équipe qui m'a inculquée le désir de gagner pour les autres. L'effet que cela a eu sur moi et l'impact profond dans toutes les vies que vous avez touchées nous ont tous enrichis. L'esprit de "ne jamais abandonner" à travers la persévérance, la joie et la poursuite de l'excellence dans nos cœurs pour être au meilleur de nous

mêmes et pour les autres est votre énorme contribution pour moi, de notre petite communauté de ville, me portant toujours à travers toutes les périodes de ma vie.

J'adresse également ma sincère gratitude aux entraîneurs de l'équipe de football féminin de l'Université St. John, Elizabeth Browne, qui a toujours soutenu ma bourse NCAA, même après m'être déchiré le ligament du genou (ACL) pendant ma dernière année, dix jours avant de devoir signer ma lettre d'intention, ainsi qu'à Ian Stone, Tim Hearney et Gary Book pour vos cœurs profonds, vos compétences, votre guidance, votre leadership et votre engagement envers le développement du programme de football de SJU, le titre IX et notre tout premier championnat Big East. Merci aussi à mes coéquipières, Cristin Burtis, Janice McCullagh Schulman, Chrissy Smith, Tara Crego, Christina Marotta Starr et Christina Patti Smith, Jennnifer Contesini, Sherry Reill et Francesca DeCristoforo pour tous les rires, pour croire en moi et pour écouter quand nous croyions vraiment que nous pouvions tout gagner !

Et enfin, un hommage spécial aux matriarches de ma famille dont la force, la ténacité et les belles personnalités créatives ont ouvert la voie, en commençant par l'exemple de créativité et d'humour de mon arrière-grand-mère pour nous émerveiller tous, malgré tous les obstacles, notre Mimi, Eva Avruscavage. L'effervescente "Gram" Constance "Connie" Callahan, qui était le cœur et la joie de chacun et le ventre avec sa cuisine et ses pâtisseries incroyables et son écoute. Ma "Nana" pour son cœur, sa force tranquille et ses déjeuners de tous les jours avec du fromage à la crème sur du pain grillé avec du chocolat Cadbury et des caramels Kraft en dessert à l'école primaire. Ma généreuse "Tatie", Catherine Riposta, qui m'a emmenée "down the shore" pour partager avec elle et ma tante Dawn, mon partenaire de monopoly, Chadwick Beach, le golf et le Maruca's Pizza buddy et ami du Seaside Heights Boardwalk. Également à Virginia Bruno, que j'ai toujours admiré pour sa façon colorée et drôle de partager des histoires qui faisaient rire tout le monde. Et gardez toujours cet esprit de joie et de rires qui illumine chaque moment.

Je tiens également à remercier ma marraine, ma tante Pam, Pamela Callahan Dunn, pour ses aventures loufoques et amusantes qu'elle partageait toujours, ainsi que son cœur et son écoute, tout comme ma tante artistique Joyce, Joyce Callahan Del Geurcio, toujours prête à créer de l'art, des célébrations de vacances ou à me couper les cheveux sur-le-champ, et pour avoir eu confiance en moi pour faire du baby-sitting et pour m'avoir donné une expérience de "mini-maman". Je remercie également ma tante Marge, patiente, sans réserve, drôle, pour être également mon plus grand soutien en ligne. À ma tante Jan, qui m'a ouvert les yeux sur le monde avec mon abonnement au magazine World Geographic et le soutien à son mari en Arabie Saoudite, me montrant les différences de coutumes des femmes en dehors des États-Unis.

Et surtout, à ma mère, Nancy Lee Chippendale, pour m'avoir donné la vie et l'amour et pour avoir créé tout : un magnifique foyer, des costumes d'Halloween primés qui ont remporté le premier prix chaque année au défilé d'Halloween de Harrison, et pour son service indéfectible envers notre père et notre famille avec toute la cuisine, le ménage, les courses et les trajets partout pendant des années, surtout pour les matchs de soccer !. À ma "grande" sœur, Lisa Chippendale Mulligan, qui a été comme une mère pour moi de bien des façons, en tant que cheerleader, enseignante et conseillère aussi. Merci à vous toutes pour votre amour, votre service, votre engagement et votre leadership dans toutes les façons dont vous ne saviez pas que vous me touchiez. À ma "petite" sœur, Amy Ann Chippendale, merci pour ton leadership dans tes voyages aventureux et pour avoir osé sortir des sentiers battus de tant de manières en découvrant de nouveaux chemins inspirants. À Tracy Lee Callahan Howard, merci d'être ma cousine super amusante et pour nos bons moments "down the shore", les concerts d'Annie dans le salon, les danses, les étés et les jeux aussi !

Merci à mes meilleures amies : Joanne "Joanie" Pellegra pour les journées d'étude et de pâte à cookies aux pépites de chocolat, et Lina Aroujo Silva et "Juana" Maria Paz aussi, pour des heures de fun, de conversations, de rires et de soutien durant nos journées d'amitié à Kearny, NJ… oh quel plaisir ! Je n'aurais pas réussi sans vous! Merci, Ostare, pour les traductions en français et pour ton encouragement et ton amitié aussi. Merci aussi, Ben Chan, d'être toujours ma connexion pour la vie!

Que ces mots reflètent l'impact durable de vous toutes : l'enseignement, le mentorat et la foi inébranlable en la création, la victoire et la croyance que tout est possible, ainsi que la foi illimitée en l'espoir, le plaisir et l'amour que vous avez tous inculqués ; des contributions inestimables à l'attitude, à l'éducation, à la croissance et aux réalisations qui viennent du cœur.

Merci aussi à Dieu pour être là pour moi, pour tout ce que vous avez donné et permis que je voie, sois et reçoive.

Acknowledgement and Inspiration

Dear Daisaku Ikeda and My Inspirations,

Thank you! This book is a tribute to your unwavering commitment to peace, culture and education that has touched the lives of countless individuals in over 192 countries around the world. Your profound wisdom, compassionate spirit, winning nature and legacy continue to inspire and uplift humanity. This book is dedicated to you as a token of gratitude for your tireless efforts in education and promoting peace through dialogue, connection and understanding through the human spirit. Thanks to my Buddhist leaders, Sheilah Grenham, Suzan Solomon, Shirley O'Neill, Karen Malina White, Michelle Kleeman, Pasean Ashley, Anita and Rahn Coleman, Amba, Nadia Nardini, Roberta Hanlon and Claire Loewenau for your dialogue, leadership, hearts and guidance.

I'd like to extend my heartfelt appreciation to the dedicated educators and coaches from Kearny, New Jersey Education and Athletics, especially Ms. Terri Kaag, Ms. Mary Pat (Schilling) Hosler, Ms.Marilyn Hummer, Ms. Antoshkiew, Miss Miller, Mrs. Patricia Jahn, Jackie Richardson, Patty Blood, Howard Schulze, Robert (Was) Wasilak, Kathleen and Billy Clifton, Bob Cifelli, Bob Cressman, Dr. Susan Onnembo and Maureen Balint Mulligan for unwavering hearts and dedication to being great. Also, Lisa Feorenzo too for giving me my first job as a photojournalist at The Observer Newspaper. Voila!

I appreciate your big hearts, dedication and for nurturing my mind and spirit, as well as cultivating the hometown pride with that teamwork mentality instilled in me to win for each other. The effect it has made on me and the profound impact in all the lives you have touched surely has gifted us all. The 'never give up' spirit through perseverance, joy and the pursuit of excellence in our hearts to be our best and for one another are your huge contributions to me from our small town community...always carrying me through all areas and times in my life.

I also extend heartfelt gratitude to St. John's University Women's Soccer coaches, Elizabeth Browne, who still stood for my NCAA scholarship, after I tore my ACL ligament my senior year ten days before I had to sign my letter of intent, as well as Ian Stone, Tim Hearney and Gary Book for your profound hearts, skill sets, guidance, leadership and commitment to the development of SJU Soccer program, Title IX and our first ever, Big East Championship. Also to my teammates, Cristin Burtis, Janice McCullagh Schulman, Chrissy Smith, Tara Crego, Christina Marotta Starr, Christina Patti Smith, Jennnifer Contesini, Sherry Reill and Francesca DeCristoforo for all the laughs, believing in me and listening that we really could win it all!

And last, but not least, the matriarchs of my family whose strength, fortitude and beautiful creative personalities led the way starting with my great grandmother's example of creativity and humor to keep us all wowed, despite any odds, our Mimi, Eva Avruscavage. The bubbly, effervescent 'Gram' Constance "Connie" Callahan, who was everyone's heart and joy and stomach with her amazing cooking and baking and listening. My "Nana" for her heart, quiet strength and cream cheese on toast lunches every day with Cadbury Chocolate and Kraft caramels for dessert in elementary school bonding. My generous "Auntie", Catherine Riposta, who took me "down the shore" to share with her and my Aunt Dawn, my monopoly partner, Chadwick Beach, golf and Seaside Heights Boardwalk Maruca's Pizza buddy and friend. Also to Virginia Bruno, who I always admired with her colorful funny way of story sharing that made everyone laugh. And keeping on that par with fun too, my funny, Godmother, Aunt Pam, Pamela Callahan Dunn, who always shared her kooky, funny adventures and her heart and ears too, while artistic Aunt Joyce, Joyce Callahan Del Geurcio, always ready to create art, holiday celebrations or perm or cut my hair in a moment's notice and for trusting me in babysitting and giving me a 'mini-mom' experience. Also to my patient, no hold back, funny, Aunt Marge for being my biggest online supporter too. To my Aunt Jan, who opened my eyes to the world with my World Geographic magazine subscription and her support of her husband in Saudi Arabia showing me how different customs of women outside the US were.

And most importantly, to my mother, Nancy Lee Chippendale, for giving me life and love and in creating all: a beautiful home, award-winning Halloween costumes that took first place every year at the Harrison Halloween Parade and your unwavering service to our Dad and family with all the cooking, cleaning, shopping and driving to everywhere for years especially soccer games! To my "big" sister, Lisa Chippendale Mulligan, who was like a mom to me in many ways as my cheerleader, teacher and counselor too. Thank you all for your love, service, commitment and leadership in all the ways you didn't know that rippled out to me. To my "little" sister, Amy Ann Chippendale, thanks for leading in your adventurous travels and stepping out of the box in so many ways in discovering new paths to be inspired by. To Tracy Lee Callahan Howard, thanks for being my superfun sidekick cousin and our fun times "down the shore", living room Annie concerts, dancing, summers and playtime too!

Thanks to my besties: Joanne "Joanie" Pellegra (and Terry and Pat Pulaski too) for studying and chocolate chip cookie dough days and Lina Aroujo Silva and "Juana" Maria Paz too for hours of fun, talking, laughter and support in our best friend days in Kearny, NJ... oh what fun! I wouldn't have made it without you! Thank you, Ostare for the French translations and your encouragement and friendship too. Thank you also, Ben Chan for always being my lifelong connection too!

May these words reflect the enduring impact of you all...the teaching, mentorship and unwavering belief in creating, winning and believing that anything is possible and the boundless belief in hope, fun and love that you have all instilled; invaluable contributions to attitude, education, growth and the achievements that come with heart.

Thank you, God and Universe, too for being there for me, all that you have given and allowed me to see, be and receive.

Summer Swishes, Redondo Beach, California

Sandcastles and Seashores, Redondo Beach, California

Préface

Dans la délicate danse de l'existence, où les émotions tissent une tapisserie d'expériences, cette collection de poésie émerge comme un phare d'exploration et de découverte. Chaque vers, un coup de pinceau sur la toile de la vie, plonge dans les profondeurs profondes et les hauteurs vertigineuses du sentiment humain, offrant un kaléidoscope d'émotions à l'âme à méditer.

À travers les mélodies éthérées du langage, Kellyann se lance dans un voyage qui transcende les simples mots. Des teintes sombres de l'introspection aux nuances radieuses de l'euphorie, chaque poème résonne avec les échos des expériences partagées, invitant les lecteurs à traverser les paysages de leur propre cœur et de leur esprit.

Au cœur de ces vers se trouve une quête - une quête pour dénouer les mystères de la condition humaine, pour naviguer dans les sentiers labyrinthiques de l'amour, de l'amitié et de la découverte de soi. Les métaphores fleurissent comme des bourgeons au printemps, peignant des portraits vivants des moments fugaces de la vie et des vérités intemporelles.

Nichées entre ces pages, vous rencontrerez la symphonie de l'existence - l'harmonie et la discordance, les murmures de nostalgie et les échos des souvenirs éternels. Les mots de Kellyann servent de ponts, franchissant le gouffre entre la nostalgie et l'accomplissement, entre l'introspection et l'expression extérieure.

Les traductions françaises ajoutent une touche d'élégance et d'allure, évoquant l'essence des époques révolues où la poésie dansait sur les lèvres des rêveurs. À chaque ligne, le lecteur est transporté dans un royaume où les larmes ne sont pas seulement des symboles de tristesse mais aussi d'humanité partagée et de connexion profonde.

Alors que vous vous lancez dans cette odyssée poétique, permettez-vous d'être emporté par les courants de l'émotion, d'embrasser la beauté de la vulnérabilité, et de découvrir la richesse de l'expérience humaine dans toute sa splendeur et sa complexité. Ce livre est une invitation - une promesse murmurée de révélations et de résonances, attendant de se déployer dans le sanctuaire de votre âme.

Ostarè Dubois
Coach de vie / Artiste / Écrivaine
La chuchoteuse de l'intérieur
www.ostare.com

Preface

In the delicate dance of existence, where emotions weave a tapestry of experiences, this collection of poetry emerges as a beacon of exploration and discovery. Each verse, a brushstroke upon the canvas of life, delves into the profound depths and soaring heights of human sentiment, offering a kaleidoscope of emotions for the soul to ponder.

Through the ethereal melodies of language, Kellyann, embarks on a journey that transcends mere words. From the somber shades of introspection to the radiant hues of euphoria, every poem resonates with the echoes of shared experiences, inviting readers to traverse the landscapes of their own hearts and minds.

At the heart of these versus lies a quest—her quest to unravel the mysteries of the human condition, to navigate the labyrinthine pathways of love, friendship, and self-discovery. Metaphors bloom like blossoms in spring, painting vivid portraits of life's fleeting moments and timeless truths.

Nestled within these pages, you will encounter the symphony of existence—the harmony and discord, the whispers of nostalgia, and the echoes of eternal memories. Kellyann's words serve as bridges, spanning the chasms between longing and fulfillment and introspection and outward expression.

The French translations add a touch of elegance and allure, evoking the essence of bygone eras where poetry danced upon the lips of dreamers. With each line, the reader is transported to a realm where tears are not just symbols of sorrow but also of shared humanity and profound connection.

As you embark on this poetic odyssey, allow yourself to be swept away by the currents of emotion, to embrace the beauty of vulnerability, and to discover the richness of the human experience in all its splendor and complexity. This book is an invitation–a whispered promise of revelations and resonances, waiting to unfold within the sanctuary of your soul from hers.

Ostarè Dubois
Life Coach/Artist/Writer
The Innerchild Whisperer
www.ostare.com

Introduction

"L'amour et la Vie" est le travail de toute ma vie, un journal artistique à travers la création, l'écriture, l'art et la photographie, ainsi que mon voyage dans les profondeurs de mon esprit humain, explorant les liens entre L'amour et la Vie et le processus de guérison et d'émotion créé depuis les premières années de ma vie jusqu'à présent.

J'espère qu'il vous inspirera et vous permettra également de vous identifier à certains des moments heureux ainsi qu'aux difficultés qui souvent assaillent nos vies. C'est souvent le mal qui nous éveille au bien.

L'écriture a toujours été très thérapeutique pour moi pour m'exprimer,

Entreprendre cette exploration authentique et émouvante de ma guérison à travers le pouvoir de l'expression authentique et de la créativité partagée soutient ma guérison et ma croissance dans l'art, y compris la photographie, servant de tremplin à ma transformation personnelle et à la découverte de mon vrai moi authentique.

À travers l'objectif de mon cœur et de mes réflexions perspicaces, "L'amour et la Vie" vous invite à embrasser l'action de guérison et d'embrasser la créativité pour avancer, réfléchir et partager. S'inspirant des expériences de mon humanité et de mon cœur, utilisant l'écriture, la photographie et la guérison, ce livre a illuminé pour moi les moyens par lesquels la guérison peut survenir tout en traversant les épreuves de la vie et les espaces favorisant un profond renouveau de soi à travers cette découverte.

Voici la correction de votre texte:

Avec un mélange de prose sincère, d'imagerie évocatrice et de photographie émouvante, "L'amour et la Vie" offre une résilience à l'esprit humain et un pouvoir rédempteur de l'expression artistique. Ce livre est un phare pour ceux qui cherchent à entreprendre une odyssée personnelle de guérison, offrant une feuille de route pour canaliser le potentiel transformateur de la créativité, y compris l'art de la photographie, en cultivant une connexion plus profonde avec soi-même et avec le monde. Rejoignez-moi dans ce voyage remarquable alors que je découvre les interactions profondes de l'amour, de la vie et du pouvoir de guérison à travers la création, la vulnérabilité et l'art, à travers la beauté des mots et de l'imagerie exquise. Un clin d'œil spécial à Julia Cameron, l'auteure de "The Artist's Way", car c'est grâce à ses exercices d'écriture des "pages du matin" depuis plus de 20 ans que ce rêve est devenu réalité. Si vous souhaitez commenter comment cela a influencé votre vie, n'hésitez pas à me contacter pour partager... Bénédictions.

Introduction

"L'amour et la Vie" is my life's work as an art diary through creation, writing, art and photography and my journey into the depths of my human spirit, explored connections between love and life and the healing and emoting process created from the earliest years of my life to now.

I hope it inspires and also allows you to relate to some of the happy times as well as difficulties that often plague our lives. It is often the bad that awaken us to the good.

Writing has always been very therapeutic for me in expressing myself.

Embarking on this authentic, soul-stirring exploration of my healing through the power of authentic expression and shared creativity supports my healing and growth through writing and photography and serves as a springboard for personal transformation and discovery of my true authentic self.

Through the lens of my heart and insightful reflections, "L'amour et la Vie" invites you to embrace the action of healing and embrace creativity to move forward, reflect and share. Drawing from experiences of my life and heart using writing and photography has illuminated a way for healing to occur while going through it to foster and discover self-renewal.

With a blend of heartfelt prose, evocative imagery and moving photography, "L'amour et la Vie" offers resilience to the human spirit and the redeeming power of expressive artistry. This book serves as a guiding light for those seeking to embark on a personal odyssey of healing.

It provides a roadmap for channeling the transformative potential of creativity, including the art of photography and the cultivation of a deeper connection with myself and the world. Join me on this remarkable journey as I uncover the profound interactions of love, life and the power of healing through creation, vulnerability and art through the beauty of exquisite words and imagery.

Hello Leonardo Legacy, West Hollywood, California

Ma priere d'artiste

Oh,

Grand Créateur

Et

Univers...

Permets-moi d'être un exemple de ta

GRANDEUR

Permets-moi de créer des chefs-d'œuvre pour nourrir l'

ÂME

Captive l'esprit et passionne le

CŒUR

Permets-moi d'être libre de

DOUTE, NÉGLIGENCE, INQUIÉTUDE

Que je crée la grandeur que j'

ENVISAGE et que je VOIS

Afin que je puisse être à mon meilleur

ULTIME

Contribuant au

MONDE

Et inspirant les autres à faire de même

Que je ressente ce que les autres ressentent et aie de

L'EMPATHIE et de la COMPASSION

Pour ÉMOUVOIR leurs âmes à travers mon travail créatif et mo ORIENTATION

Ainsi je me sens libre, heureuse et

ÉPANOUIE

comme une artiste qui peut

PARTAGER et

ÊTRE OUVERTE à

DONNER

Et à

RECEVOIR

My Artist Prayer

Oh,

Great Creator

And

Universe . . .

Let me be an example of your

GREATNESS

Let me create masterpieces of work to nurture the

SOUL

Intrigue the brain, impassion the

HEART

Let me be free of

DOUBT, NEGLECT, WORRY

May I create the greatness I

ENVISION and SEE

So that I may be my ultimate

BEST

Contributing to the

WORLD

And INSPIRING others to do the

SAME

May I feel what others feel and have

EMPATHY and COMPASSION

To MOVE their souls through my creative work and DIRECTION

So that I feel free, happy and

FULFILLED

as an artist who can

SHARE and

BE OPEN to

GIVE

and

RECEIVE

Sky Poppin Palm Time, Hollywood, California

The Cool Kid, Los Angeles, California

Le Grain D'amitié

Je pensais que tu étais un ami pour moi à cause des sentiments profonds que nous partagions.
Ouvrir ton cœur sur tes pensées, tes espoirs, tes rêves m'a montré que tu tenais à moi.

Je t'ai toujours soutenu dans tes moments de besoin,
Espérant faire grandir ce grain d'amitié

Le grain d'amitié à faire pousser et germer,
Toujours là pour toi ; aucun doute à ressentir.

Mais cet grain d'amitié a besoin d'eau pour grandir.
Communiquer tes sentiments et me faire savoir.

Le soleil qui brille est une partie importante,
Donne autant que tu peux droit de ton cœur

Cela ne prend pas une minute ou des secondes, même pas une heure --
Mais c'est au fil du temps que les graines commencent à fleurir.

Alors, chéris-la avec amour et elle vivra longtemps.
Le soin que tu reçois -- ne manque pas de donner

The Friendship Seed

I thought you were a friend to me because of the deep feelings we shared.
Opening up about your thoughts, hopes, dreams showed me you cared.

I always supported you in your time of need,
Hoping to grow was that friendship seed.

The friendship seed to grow and sprout,
Always there for you; no feelings of doubt.

But that friendship seed needs water to grow.
Communicating your feelings and letting me know.

The sun that shines down is an important part.
Give the most that you can straight from your heart.

It doesn't take a minute or seconds, not even an hour--
But it is over time that the seeds start to flower.

So nurture it with love and long it shall live.
The care you receive---please don't forget to give.

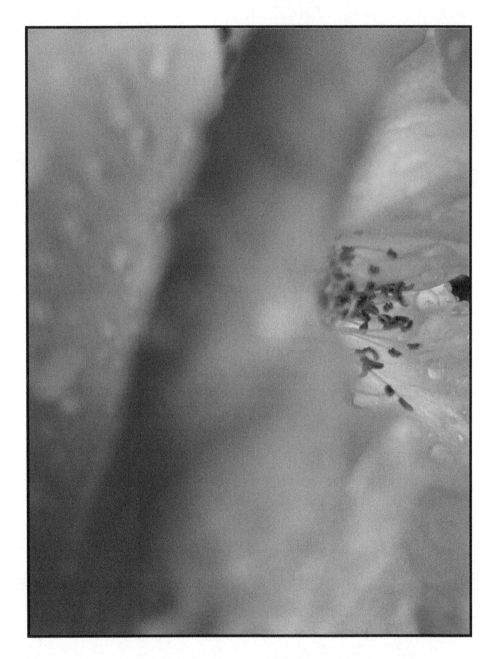

Budding Succulence, Los Angeles, California

Passion Flow, Beverly Hills, California

Je me demande...

Je me demande si tu penses à moi comme je pense à toi...
Je me demande ce que ça ferait d'être avec toi
Je me demande si c'est juste moi qui pense ou si c'est aussi le cas pour toi.

Je me demande à quoi tu rêves
Je me demande à quel point tu tiens à moi...
Je me demande ce que tu désires dans la vie et ce que tu veux tant partager.

Je me demande pourquoi Dieu nous a amenés à nous rencontrer.
Je me demande ce qu'il a prévu
Je me demande pourquoi tu étais là pour moi dans les moments de désespoir...

Je me demande si c'est... juste ce que c'est
Je me demande si je pense trop à ce qui pourrait vraiment être --
Je me demande à quoi les choses ressembleraient entre toi et moi.

Je me demande pourquoi nous sommes si occupés alors que la vie file
Je me demande ce que tu ressentais alors que je gisais à tes côtés
Je me demande si c'est juste moi... ressentant cela à l'intérieur.

Je me demande...

I Wonder...

I wonder if you think of me as I of you...
I wonder what it would be like to be with you
I wonder if it's just me thinking or do you too?

I wonder what you dream about
I wonder how much you care...
I wonder what you crave in life and want so much to share.

I wonder why God made us meet
I wonder what he has planned
I wonder why you were there for me in moments of despair...

I wonder if it is...just what it is
I wonder if I think too much of what could really be--
I wonder what things would be like between you and me.

I wonder why we're so busy as life is passing by
I wonder how you felt as beside you I lie
I wonder if it just me...feeling this inside

I Wonder...

Painted Sky Writer, San Diego, California

Simply There, Beverly Hills, California

...Toi

Je veux t'embrasser à la clarté de la lune
Je veux sentir ta force près de moi
Je veux que l'ambiance soit parfaite
Je veux laisser tomber la peur

Je veux te donner chaque fleur, chacune que je cueillerais
Je veux que tu sois à mes côtés lorsque je suis malade
Je veux partager mes sentiments avec toi, je ne peux plus les retenir

Je veux être dorlotée de ton amour de la tête aux pieds
Je veux sentir ta peau contre la mienne - oh, ce que mon esprit fera

Je veux arrêter de penser, de rêver ; je veux juste toi.

...You

I want to kiss you in the moonlight
I want to feel your strength near
I want the mood just right
I want to let go of fear

I want to give you every flower—each one I would pick
I want you by my bedside on days that I am sick
I want to share my feelings with you—no more can I restrict

I want to be pampered with your love through and through
I want to feel your skin against mine—oh, what my mind will do

I want to stop thinking, dreaming;
I just want you.

Bee Me, Beverly Hills, California

Gypsy Rose, Beverly Hills, California

xx. Deux cœurs...

Veux-tu m'entendre
Veux-tu que je sois près de toi
Veux-tu me voi
...........................surtout en sous-vêtements ? :O

Veux-tu passer du temps ensemble
Dans le calme et tout seul
Veux-tu que je sois là la nuit
....pour câliner quand je rentre à la maison ? ;)

T'imagines-tu un monde avec moi dedans
Partageant tes expériences les plus éprouvées et vraies
Penses-tu que nous nous entendrions
………………...............................aussi merveilleusement que moi ? :)

Rêvons-nous dans les mêmes couleurs
Parlons-nous la même langue
Chérissons-nous les moments spéciaux
………...............………...........................comme personne d'autre ne le fait ? ;)

Cela semble-t-il irréel
Comme un rêve ou une fiction de quelque sorte
Ou est-ce vraiment de l'amour
....rien ne manque ? :)

Je pense qu'il y a eu un certain temps qui est passé
Pour permettre à ces sentiments de s'apaiser
Je me demande si c'est ainsi que ça dure
.................................quand deux cœurs, comme les nôtres, coïncident ! :0

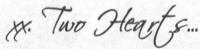 xx. Two Hearts...

do you want to hear me
do you want me near
do you want to see me
....especially in my underwear? :O

do you want to spend some time together
in the quiet and all alone
do you want me to be there at night
....to snuggle with when I get home? ;)

do you imagine a world with me in it
sharing your most tried and true
do you think we would get along
....as wonderfully as i do? :)

do we dream in the same colors
do we speak in the same tongues
do we cherish the special moments
....like no one else does? ;)

does it seem unreal
like a dream or some fiction of sort
or can it really be love
....nothing falling short? :)

i think there's been some time that's passed
to allow those feelings to subside
i wonder if this is how long it lasts
....when two hearts, like ours, coincide!

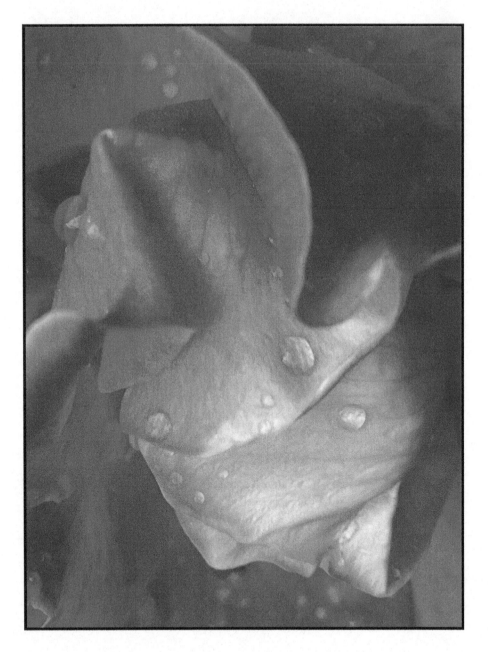

OO Bliss, Beverly Hills, California

Cloudwork Pink, Palm Springs, California

...Depuis le Début----------------

Te garder et te chérir pour toujours dans mon cœur
Exactement là où tu as été depuis le début

Quand je t'ai rencontré, c'était tellement irréel
Cela semblait magique, cette façon dont je pouvais ressentir

Je pensais que c'était un simple béguin, mais ça n'a pas disparu
Je m'en souviens comme si c'était hier

Tu as toujours été tellement extraordinaire à mon égard
Ta présence et ton esprit sont ce qui me captive vraiment

Je veux me jeter à corps perdu et tout te donner,
Pourquoi attendre? On devrait s'aimer

Je sais que les bonnes choses arrivent à ceux qui attendent mais combien de temps?
... mon esprit semble toujours contempler

Quand j'étais avec toi, c'était tellement irréel
Cela semblait magique --- cette façon dont je pouvais ressentir

Te garder et te chérir pour toujours dans mon cœur
Exactement là où tu as été depuis le début

...From The Start --------------

to have you and hold you forever in my heart
right where you have been from the start

when i met you it was oh, so surreal
it seemed like magic this way i could feel

i thought you were a crush, but it hasn't gone away
i remember it like it was only yesterday

so extraordinary you have always been to me
your presence and your mind are what truly captivate me

i want to jump in and give you it all
why are we waiting?. . . in love we should fall

i know good things come to those who wait
but how long?. . . my mind always seems to contemplate

when i was with you it was oh, so surreal
it seemed like magic---that way i could feel

to have you and to hold you forever in my heart
right where you've been from the start

Seesail, Malibu, California

Joysun Flash, Big Sur, California

La Musique

Tu es la chanson dans mon cœur
La danse dans ma tête
Un instrument bien réglé
Mieux encore - une symphonie à la place
Ta mélodie est si subtile
Le vers si intrigant
Les mélodies si douces
comme un bébé bien endormi
Ton rythme me traverse
Les battements si irréels
Le tempo commence à rugir
Mes émotions commencent à ressentir
Les mots ne viennent pas
Oh, que vais-je faire?
Le sentiment de mutisme
oh, non - pas maintenant ; pas avec toi !
J'attends cette note finale
J'ai longtemps et durement pratiqué
Encore une fois, j'attends cette note finale
Mais pas de la guitare électrique !
Je veux que la musique soit douce entre toi et moi
Les chansons que nous créerions seraient une harmonie instantanée
Alors, écoute ma chanson
Et si jamais t'as peur
Viens danser dessus
Et dis-moi alors --- qu'est-ce que TOI, tu entends ?»

The Music

You are the song in my heart
The dance in my head
A fine-tuned instrument
Better yet--a symphony instead
Your tune is so subtle
The verse so intriguing
The melodies so soft
like a baby tucked away sleeping
Your rhythm runs through me
The beats so unreal
The tempo is starting to roar
My emotions start to feel
The words can't come out
Oh, what will I do?
The feeling of muteness
oh, no--not now; not with you!
I've been waiting for that final note
Been practicing long and hard
Again waiting for that final note
But, not from the electric guitar!
I want the music sweet between you and me
The songs we'd create would be instant harmony
So, please listen to my song
And if ever you should fear
Come and dance with me to it
Then please tell me—what do you hear?

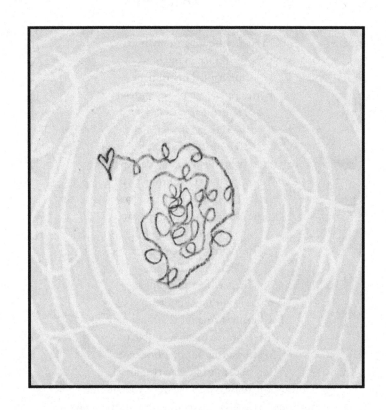

Love Emancipation, Studio City, California

Glorious Grow, Beverly Hills, California

Présent Futur Infinitif...

J'aime le regarder.
J'aime le sentir.
J'aime le voir.
J'aime le toucher.
J'adorerais le goûter.
J'adorerais l'embrasser.
J'adorerais explorer avec lui.
J'adorerais lui préparer le petit-déjeuner au lit.
J'adorerais le déshabiller.
J'adorerais embrasser ses lèvres.
J'adorerais embrasser son cou.
J'aimerais effleurer doucement son oreille.
J'adorerais caresser son corps tout entier.
J'adorerais lui lire.
J'adorerais lui envoyer quelques mots d'amour.
J'adorerais... juste lui.
J'aime aimer.
J'adorerais l'aimer.

Present, Future Infinitive...

I love *to look* at him.
I love *to feel* him.
I love *to see* him.
I love *to touch* him
I'd love *to taste* him.
I'd love *to kiss* him.
I'd love *to explore* with him.
I'd love *to make* him breakfast in bed.
I'd love *to undress* him.
I'd love *to kiss* his lips.
I'd love *to kiss* his neck.
I'd love *to bite* softly on his ear.
I'd love *to caress* his body all over.
I'd love *to read* to him.
I'd love *to send* him some love notes.
I'd love...just him.
I love *to love*.
I'd love *to love* him.

Rockstar Ray of Light, Venice, California

Surfsound Solace, Venice, California

Positivement Vrai

Pour moi - Tu es spécial. Tu es positivement vrai.

Quand je pense à toi
Mon cœur tourne comme une roue
Je ne peux pas me retenir
Ni ce que je pense
Ni même ce que je ressens

Mon corps vibre d'intensité
Mon adrénaline accélère vraiment
Ma passion m'enveloppe complètement
Je me demande si cela s'arrêtera un jour

La pensée de ton toucher me bouleverse
Conduisant mon esprit à une intimité intense
Mes terminaisons nerveuses s'excitent et frissonnent passionnément
Je ne peux pas penser à ces pensées maintenant... je veux tellement te voir...

Permets-toi de te sentir bien et de ne pas t'inquiéter des raisons
Détends-toi et laisse-moi apaiser ton esprit - veux-tu me laisser essayer ?
Parler, rire et partager nos êtres
La chaleur du moment arrive...
Je te fixe droit dans ces yeux pénétrants

Je crois que mon cœur t'aime
Tu apaises mon esprit et mon âme -
Être près de toi me réconforte -
Comme le vent d'une brise estivale.

Alors n'oublie pas aujourd'hui - combien je pense à toi
Pour moi tu es si spécial - tu es si positivement vrai.

Positively True

To me--You are special. You are positively true.

When I think about you
My heart spins like a wheel
I can't help myself
Or how I think
Or even what I feel

My body runs with intensity
My adrenaline really speeds up
My passion fully enraptures me
I wonder if this will ever stop

The thought of your touch moves me
Leading my mind to intense intimacy
My nerve endings become excited and shiver passionately
Can't think those thoughts right now...want so much to see...

Allow yourself to feel good and not worry about reasons why
Relax and let me ease your mind--won't you let me try?
Talking laughter and sharing ourselves
The heat of the moment arrives...
I stare at you directly through those penetrating eyes

I think my heart loves you
You make my mind and soul at ease--
Being around you comforts me--
Like wind from a summer's day breeze.

So don't forget today--how much I think of you
To me you are so special--you are so positively true.

Pink Treat, Los Angeles, California

Candy Cotton Cloud, Paris, France

Dans un poème...

Je devais te dire que je t'aime dans un poème
De la plume au papier, les mots semblaient juste couler
Je ne pouvais plus le retenir, alors ---
Je pense que tu devrais le savoir

Je voulais te le dire depuis un certain temps
-- cette connexion si forte le jour où nous nous sommes rencontrés
L'amour au premier regard semble si banal
Mais mon esprit n'arrive pas à oublier

Je n'ai pas pu te le dire
J'avais peur de ce que tu ferais
Mais, je pense que le moment est venu
De te dire que je t'aime

Je devais te le dire dans un poème
Les mots - ils ne voulaient pas sortir de ma bouche
Si je pouvais le crier à haute voix
Je n'hésiterais pas à le crier

Je le sens - oh, oui

Mon corps tremble
Si seulement je pouvais te le dire maintenant
Peut-être que c'est de l'amour que nous ferions

Je ne peux plus me retenir, je dois le dire
Mais j'ai tellement peur de te l'avouer
La crainte de te le faire savoir

Alors pour l'instant, je te le dirai dans un poème
Et un jour peut-être nous verrons

Alors, je pourrai te dire je t'aime --- alors que nous faisons l'amour sans fin.

In a Poem...

I had to tell you I love you in a poem
From the pen to the paper the words; they just seemed to flow
I couldn't hold it in any longer, so---
I think that you should know

I've been wanting to tell you for some time
--that connection so strong that day we met
Love at first sight sounds so trivial
but my mind can't seen to forget

I didn't get to tell you
I was afraid of what you'd do
But, I think the time is right
to tell you I love you

I had to tell you in a poem
the words- they wouldn't leave my mouth
If I could yell it out loud
I wouldn't hesitate to shout it out

I can feel it--oh, yes
--my body it's shaking
If only I could tell you now
maybe it's love we'd be making

I can't hold it in anymore
I have to let it go
But, I get so afraid of telling you
the fear of letting you know

So for now, I'll tell you in a poem
And one day maybe we'll see
Then, I can tell you I love you---as we make love endlessly.

Adrift in Ahue, somewhere in Utah

Fleur Finesse, Beverly Hills, California

Le Cadeau Du Bonheur

LE BONHEUR, LE BONHEUR m'a finalement trouvé
Le doute et le désespoir ont complètement disparu
J'ai enfin trouvé la personne que j'aime
Dieu doit regarder d'en haut

Ce cadeau spécial m'a été envoyé
C'est aussi merveilleux qu'une journée d'été fraîche
Ce cadeau est spécial à plus d'un titre
Chaque moment passé ensemble est toujours si amusant.

Appréciation, bonne volonté et sensibilité totale
Cette personne que j'ai trouvée se soucie vraiment de moi.
Souhaitant participer à tout ce que je fais
Avec préoccupation et soutien dans tout ce que je poursuis.

LE BONHEUR, LE BONHEUR, je sais maintenant comment ça doit être
En attendant si longtemps, je sais que c'est réel.
. Le sourire qui brille si fort sur mon visage Raconte simplement l'histoire d'un endroit spécial.

Cet endroit spécial est pour toujours dans mon cœur
Original comme un chef-d'œuvre ou une belle œuvre d'art
Avec toi dans ma vie, tous mes rêves peuvent se réaliser.
Vrai amour, merci.................. pour tout ce que tu fais.

Happiness Gift

HAPPINESS, HAPPINESS has finally found me
The doubt and despair has escaped entirely
I finally found the person I love
God must be watching down from above

This special gift has been sent my way
It's as wonderful as a cool summer's day
This gift is special in more ways than one
Any time spent together is always so fun.

Appreciation, good will and complete sensitivity
This person I've found truly cares for me.
Wishing to take part in all that I do
With concern and support in all that I pursue.

HAPPINESS, HAPPINESS, I now know how it should feel
Waiting for so long, I know it is real.
The smile that shines so bright on my face
Just tells the story of a special place.

That special place is forever in my heart
Original like a masterpiece or some fine art
With you in my life, all my dreams can come true.
True love, thank you...................for all that you do.

Ashante Suite, Beverly Hills, California

Pollack Peek A Boo, Beverly Hills, California

Un baiser

Je suis tellement amoureuse de toi
C'est arrivé si vite
Je sais, pauvre moi, pauvre toi
Que devrions-nous faire?
Crée-le ainsi ; COUDRE.
Car cela récoltera
La récompense
De la santé mentale à nouveau
S'accrochant à une guérison émotionnelle
Émanant de la peur
Émouvoir
Émotionner
Émotion
Son
Entendre
Écouter
C'est ce que tu crées là
Dans ton écoute

À L'INTÉRIEUR à partir du
DEHORS
Dehors à partir du
DEDANS
La santé mentale peut être dans l'ÊTRE
Pure clair et
CALME maintenant
Inscrit ici
Calme et lisse
APAISE
APAISE-moi davantage, nouvel ami
Apaise mon esprit... il est en sécurité
Car je suis amoureuse de toi
Et ne peux plus te manquer.
Pour toujours à toi
JE SUIS. X.

Smooch

I am so in love with you
It happened so fast
I know poor me poor you
What should we do?
Create it so; SEW.
For it shall reap
The reward
Of Sanity again
Grabbing onto some healing of emotion
emoting from fear
Emote
Emoting
Emotion
Sound
Hear
Listen
That is what you create there
In your listening

INSIDE from the
OUT
Out from the
IN
The sanity can be in BEING
Pure clear and
CALM now
Slated in here
Calm and smooth
SOOTHE
Sooth me more, new friend
Soothe my mind …it is safe
For I am in love with you
And can miss you no more.
FOREVER Yours
I AM. X.

Serenading Siesta, Atlanta, Georgia

L'Orange Passionate Kiss, Beverly Hills, California

La Magie--

Cette sensation qui m'enveloppe
Semble être une chose remarquable - que peu peuvent ressentir -
Ni n'est-elle adaptée à n'importe quel roi

Elle survient parfois
Quand tout semble fluide
Aucune erreur ou faute - aucun mélange même visible

Cela se reproduit quand on m'embrasse
Par quelqu'un si sentimentalement en contact -
Les picotements dans mon corps envoient des frissons et des sensations telles.

Comme pendant un jeu -
Qui semble plus concret qu'auparavant
Cette sensation revient encore - juste comme lorsque mon équipe est sur le point de marquer

L'anticipation, la fluidité, l'exécution si grandiose
Cela me fait me sentir magique comme un magicien ---
Sortant un lapin d'un chapeau de mes propres mains

J'espère que cette magie reviendra bientôt
Je ne pouvais plus y penser
Peut-être qu'elle se montrera ou frappera à ma porte

La magie ne se produit pas simplement
Ou ne revient pas jour après jour - et ne serait-ce pas glorieux,
Peut-être
... si elle ne disparaissait jamais?

Magic--

this feeling that encompasses me
feels like a remarkable thing--not many can feel it—
nor is it fit for just any king

it happens at times
when everything seems to be flowing
no mistakes or errors--no mix-ups even showing

it happens again when i'm being kissed
by someone so sentimentally in touch--
the tingling in my body sends shivers and chills and such

like during a game--
that seems more concrete than before
this feeling comes back again--just like when my team is about to score

the anticipation, the fluidness, the execution so grand
it makes me feel magical like a magician---
pulling a rabbit out of a hat with my own two hands

i hope this magic comes back soon
i could not think of it or about it anymore
perhaps it will show up or come knocking at my door

magic doesn't just happen
or come back day after day--and wouldn't it be glorious,
perhaps...if it never went away?

Eiger Valley Mystique, Grindelwald, Switzerland

Passion Poppy Play, Big Sur, California

Jeu d'esprit

Ne puis-je pas te laisser partir ?
Alors que saurais-je ?
Pour moi, tu es une fantaisie
De ma tête tu ne partiras pas

Pourquoi est-ce que tu ne pars pas ?
Les sentiments ne s'apaisent pas
Les pensées de toi persistent dans mon esprit
Même quand je n'essaie pas

D'où viens-tu ?
Pourquoi restes-tu ?
Revient vers moi une fois de plus,
Ou esprit, arrête de jouer des tours !

Suis-je simplement en train de penser,
À pourquoi cela ne peut être,
Ou les sentiments étaient-ils exquis,
Comme quelque chose que tu ne vois jamais.

Penses-tu à moi
Chaque jour qui passe ?
Ou était-ce moi juste captivé,
Aveuglé et maintenant besoin de nouvelles lunettes

Peux-tu me montrer un signe ?
Et laisse-moi savoir de toute façon
Car les pensées de toi dans mon esprit
Ne semblent tout simplement pas s'effacer...

Mind Game

Can't I let you go?
Then what would I know?
To me you are a fantasy
From my head you will not go

Why is it that you don't go?
The feelings don't subside
Thoughts of you linger in my mind
Even when I don't try

Where do you come from?
Why are you staying?
Either come to me once again
Or mind---quit on playing!

Is it me just thinking?
Of why it can't be
Or were the feelings exquisite
Like something you never see

Do you think of me
At all each day that passes?
Or was it I who was just mesmerized,
Blinded and now in need of new glasses

Can you show me a sign?
And let me know either way
Because the thoughts of you in my mind
Just don't seem to go away...

Hot, Hot, Hot, Florence, Italy

Fiery Fury Fabulous, Beverly Hills, California

...Désespérée

La poésie : Les sentiments de l'âme,
Le conflit intérieur lutte pour éclater.
Je ne peux plus jouer le rôle,
Faire semblant ou cacher pour soulager tout ça.
Drogues, sexe, argent, nourriture - je les enfonce pour remplir le vide.

Vais-je jamais me sentir heureuse et vivante,
Est-ce juste une illusion qui s'évanouit constamment dans mon esprit ?
J'ai besoin de ressentir,
J'ai besoin d'aimer,
J'ai besoin d'être aimée.
Je sais que je suis bonne,
Je continue d'accrocher,
Garder la tête haute,
Pour faire face au soleil,
Censé venir.

S'enfoncer profondément,
Nourrir mon âme,
La vie est ici aujourd'hui,
Rendez-la importante,
Assumer le rôle.

...desperado

poetry: the feelings of the soul
the inner conflict struggling to erupt
i can no longer play the role
pretend or hide to relieve it all
drugs, sex, money, food--shove it down to fill the hole

will i ever feel happy and alive
or is it an illusion that constantly loses in my mind

i need to feel
i need to love
i need to be loved
i know i'm good
i keep hanging in
keepin' my head up high
to face the sunshine
that's supposed to come in

sink in deep
feed my soul
life is here today
make it count
assume the role

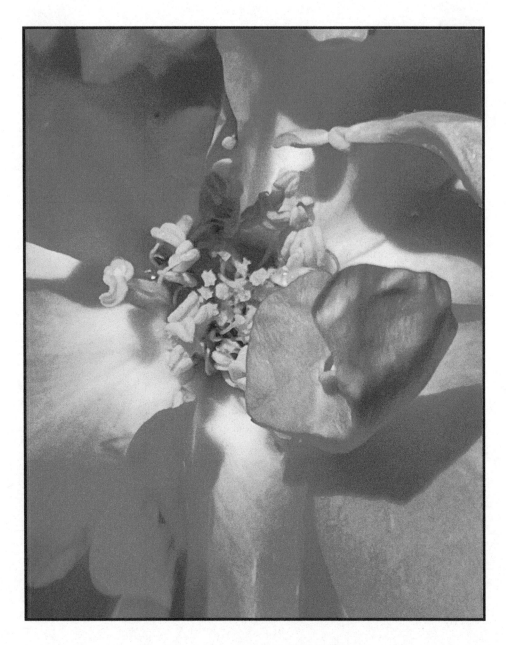

Dawn's Early Pairing, Beverly Hills, California

Shadow Morning Rose, Beverly Hills, California

Le désir

Je désire ce que la vie est censée être,
Le zeste et le zèle que tout le monde peut voir.
La vie est faite pour être chérie et désirée,
La partager avec quelqu'un la rend encore plus précieuse.

Je désire partager un lien très étroit,
Des souvenirs d'expériences qui deviennent si fins.
Au fil des ans, ils deviennent comme un livre,
Rempli de bons moments sur lesquels revenir en arrière.

Je désire l'unité,
À travers un autre, j'espère trouver
Une raison, un but, une connexion,
Quelqu'un avec qui je veux passer du temps.

Je désire de la tendresse,
Quelqu'un là pour mon toucher,
Avoir et tenir, est-ce trop demander ?

Je désire la compréhension,
Quelqu'un qui veut écouter,
--- À travers les moments difficiles,
Ainsi que les étreintes et les baisers.

Je désire la force,
Pour me guider dans cette quête,
Penser, espérer et vouloir,
Donner tout ce que j'ai et faire de mon mieux.

Je désire l'inconditionnel,
Non basé sur des choses ou des exploits,
Partager et rêver ensemble
Rendrait ma vie complète.

Yearning

I yearn for what life is meant to be
the zest and zeal that everyone can see
life is meant to cherish and desire
sharing it with someone makes it more worthwhile

I yearn to share a very close bond
memories of experiences that become so find
over years these become like a book
filled with good times on back which to look

I yearn for wholeness
through another I hope to find
a reason, a purpose, a connection
someone with whom I want to spend some time

I yearn for some tenderness
someone there for my touch
to have and to hold
am I asking too much?

I yearn for understanding
someone who wants to listen
---through the tough times
as well as the hugs and the kissing

I yearn for strength
to guide me on this quest
thinking, hoping and willing
to give my all and try my best

I yearn for the unconditional
not based on things or feats
sharing and dreaming as one
would make my life complete

Prayer Answer, Whitefish, Montana

I Wish I Wish I Wish, Pray, Montana

Fermé.

JE NE PEUX RETENIR LES LARMES PEU IMPORTE MES EFFORTS
LE VIDE ET LE CHAGRIN ALORS QUE JE PLEURE

JE SUIS SI TRISTE QUE JE NE PEUX PAS VOIR LA LUMIÈRE
ET DEVOIR TE LAISSER PARTIR NE SEMBLE PAS SI JUSTE...

JE ME SENS SI MAL, JE ME SENS SI FÂCHÉ !
POURQUOI TOUT CE TEMPS : JE NE COMPRENDS PAS.

JE NE CESSE DE ME POSER DES QUESTIONS ET ME SENS SI INCERTAINNE
MON ESTIME EST ARRACHÉE DE MOI SANS REMÈDE.

JE SAIS QUE CELA PRENDRA DU TEMPS POUR GUÉRIR
JE SOUHAITERAIS SAVOIR ALORS QUE CE N'ÉTAIT PAS RÉEL.

JE SAIS QUE J'AIMERAI DE NOUVEAU ET LA PROCHAINE FOIS JE SAURAIS PLUS
PRENDRE UNE AUTRE CHANCE -- PASSER PAR UNE AUTRE PORTE.

LA PORTE EST MAINTENANT FERMÉE ET JE NE POURRAIS PEUT-ÊTRE PAS ENTRER
DE NOUVEAUX DÉBUTS ARRIVENT ET ALORS CELA S'ARRÊTERA !

Closed.

I CAN'T HOLD BACK THE TEARS NO MATTER HOW HARD I TRY
THE EMPTINESS AND THE SORROW AS I CRY

I AM SO SAD THAT I CAN'T SEE THE LIGHT
AND HAVING TO LET YOU GO JUST DOESN'T SEEM SO RIGHT...

I FEEL SO BAD, I FEEL SO MAD!
WHY ALL OF THIS TIME: I DON'T UNDERSTAND.

I KEEP QUESTIONING MYSELF AND FEEL SO UNSURE
MY ESTEEM IS RIPPED OUT OF ME WITHOUT A CURE.

I KNOW IT WILL TAKE TIME TO HEAL
I WISH I KNEW THEN IT WASN'T FOR REAL.

I KNOW I'LL LOVE AGAIN AND NEXT TIME I'LL KNOW MORE
TAKING ANOTHER CHANCE--WALKING THROUGH ANOTHER DOOR.

THE DOOR IS CLOSED NOW AND ENTER I MAY NOT---
NEW BEGINNINGS ARE COMING AND THEN THIS WILL STOP!

One More Burst, Laughlin, Nevada

Foam Fresh Free, Maui, Hawaii

La Vérité Derrière l'Infidélité

Ta voix me manque, si douce mais profonde
Ton sourire, tes yeux -- un ensemble complet
Je savais dès que je t'ai rencontré -- c'était trop beau pour être vrai
Quelqu'un à aimer -- ça devait être toi ?

Mais, que pouvons-nous faire à ce sujet aujourd'hui ?
Rien, j'ai bien peur, car tu ne peux pas jouer
Tu t'es engagée dans un jeu que tu ne devrais pas jouer
Mais, je te pose cette question du fond de ton cœur
Es-tu vraiment heureux ou joues-tu simplement un rôle ?

Reste fidèle à toi-même, un jour tu verras :
Le bonheur réside dans l'authenticité de la vie

Infidelity Truth.

I miss your voice, so gentle but deep
Your smile, your eyes—a package complete
I knew when I met you--it was too good to be true
Somebody to love--it had to be you?

But, what can we do about this today?
Nothing, I'm afraid because you can't play
You entered a game that you musn't play
But, I ask you this from deep inside your heart
Are you truly happy or just playing the part?

Be true to yourself and someday you'll see
Life is about being truly happy.

Pier Perfect Halo Set, Santa Monica, California

Stop for Sun, Venice Beach, California

Ô, lâche

Ô, Lâche, Ô, Lâche
Encore tu frappes
Évitant les circonstances
Oh, ce que tu fais, similaire

Ô, Lâche, Ô Lâche
Peur de t'effondrer
Blessant les autres et t'absorbant
Mon cœur aspiré; mis sur une étagère

Ô Lâche, Ô Lâche
Sois simplement honnête et sors
Sois honnête sur ce que tu veux être
Et cesse de cacher ton visage et ton secret

Ô Lâche, Ô Lâche
Je pensais que tu étais réel
Cela me paralyse si souvent
La manière dont tu gères

Ô, Lâche, Ô, Lâche
Tu es une âme misérable et méchante
Tellement que ton esprit est si sombre
Et toujours excité pour créer une épreuve

O, Coward.

O, Coward, O, Coward,
Again you strike
Avoiding Circumstances
Oh, what you do like

O, Coward, O, Coward,
Afraid to fall yourself
Hurting others and self absorbed
My heart sucked away; put up on a shelf

O, Coward, O, Coward,
Just be honest and come out
Be honest about what you want to be
And stop hiding your face and your secrecy

O, Coward, O, Coward,
I thought you were real
It paralyzes me so often
The way that you deal

O, Coward, O, Coward,
You are such a miserable mean soul
So much so that your spirit is so dark
And always aroused to create ordeal

Just One, Marina del Rey, California

Rainbow Reassurance, Manhattan Beach, California

Elle a dit, oui.

Oui ! Oui ! Oui !
S'exclama-t-elle.
Je comprends mieux maintenant
Bien que mon esprit ait eu du mal
À voir.
La connexion, notre
Connexion.
Qu'EST-CE donc vraiment qui est "destiné à être"?
Car c'est chaque moment
Chaque parcelle de temps
Où nos chemins se croisent
Ou nous retrouvons
Ou que nous passons avec d'autres
Dans cette lutte de vie.
Incroyable.
Exaltant.
Trop vaste pour être expliqué.
L'univers travaille dur pour montrer
Ce qu'il peut offrir
...Comme une bonne pluie nécessaire.
Je comprends.
Je le ressens.

Nettoie mon âme, pluie.
Regardant vers la lumière et maintenant
Libérant la douleur.
Car nous avons été dotés de dons
Pour nous-mêmes et pour enseigner à un autre
Faisons pleuvoir les bienfaits que nous offrons
au monde
Et prenons soin les uns des autres
N'oubliez pas de déplier chaque moment
C'est tout ce que nous avons
Ou du moins c'est ce qu'on nous a dit...
Saisis-le.
Empare-toi.
Enfin, prends
Le contrôle.
C'est ici maintenant et ce que nous avons reçu.
Alors éradiquons le grignotage
Et plongeons dans la vie.
Oui... En avant maintenant.
Sois courageux et audacieux.
Exaltation.

She said Yes.

Yes! Yes! Yes!
She exclaimed.
I get it more now
Although my mind was having a tough
Time to
See.
The connection, our
Connection.
What IS it anyway that's really "meant to
be"?
For it is each moment
Each morsel of time
That we connect,
or reunite
Or that is spent with others
in this life Plight.
Amazing.
Exhilarating.
Too vast to explain.
The universe working hard to show
What it can offer
…Like a good needed rain.
I get it.
I feel it.

Cleanse my soul rain.
Looking to the light and now
Releasing the pain.
For we've been bestowed gifts
for ourselves and to teach another
Shower down the goodness we offer to
the world
And to take care of one another
Don't forget to unfold each moment
It's all we have
Or so we've been told…
Seize it.
Grasp it.
Finally take
Hold.
It's here now and what we've been given.
So eradicate the gnaw
And get into the living.
Yes… On to it now.
Be brave and be bold.
Exhilaration.
Amazement.
Now. Love.
Take hold!

He Loves Me, Sherman Oaks, California

San Marco Piazza Bliss, Venice, Italy

Les Belles Collines

Je dois partir... pour continuer à fleurir
Si je reste, je me perdrai
Je suis une rose sur le point d'éclore
Avec toi, il n'y a pas de place
Je suis contente de t'avoir donné un jardin
C'était spécial que nous nous soyons rencontrés dans ce créneau

Ce créneau de temps si petit à voir
Nous nous voyions de l'autre côté de la rue
Les seules âmes se promenant dans notre journée
Le soleil matinal avec tous ses rayons
C'était beau et passionné
Ce jour où nous avons pris le thé
Toute la passion, le charme et la spontanéité

Je n'arrive pas à croire que ce soit déjà deux ans
Comme un feu rapide d'une allumette

Je t'aime tellement et maintenant je dois partir
Pour vivre pour moi et continuer mon spectacle
Je t'aimais beaucoup, j'espère que tu le sais
Avec toi, je devrais arrêter mon élan

Alors merci d'être une fleur dans ma gloire de jardin
Souviens-toi toujours de notre histoire d'amour et de nos moments amusants
Car te rencontrer était un cadeau d'un autre monde
Merci pour cela, de la part de ta fille américaine.

Beautiful Hills

I must grow in order to flow
If I stay, I'll turn to dismay
I am a rose about to bloom
With you there is no room
I'm glad I gave you a garden
It was special that we met in that margin

That margin of time so small to see
Seeing each other from across the street
The only two souls walking in our day
The early morning sun with all of its rays
It was beautiful and passionate
That day we had tea
All the passion, allure and spontaneity

I can't believe its two years so quick
Like a quick fire of a matchstick

I love you so much and now I must sew
To live for me and continue my show
I loved you dearly, I hope you know
With you, I have continued my flow

So thanks for being a flower in my garden glory
Remember always our love and fun filled story
For meeting you was a gift from another world
Thank you for it, love your American girl.

Pro Life Garden, Beverly Hills, California

Elevado Beverly Beauties, Beverly Hills, California

Continuer d'avancer.

Parfois, je sens le pouvoir au-dessus de moi
Le sentiment de succès m'inonde
Je sais que je peux le faire - je deviens très sûre
Je commence à commencer alors que mon esprit commence à s'élever
Je peux commencer à voir des progrès
Sans aucun doute dans mon esprit
Mais alors je ne peux plus voir
Comme si j'étais devenue aveugle
Je sais que je peux y arriver
La fin est là, en vue
Continue, continue, continue
Tu te rapproches de la lumière
La lumière de ton destin
Tes rêves cristallins
N'abandonne pas maintenant
Tout au nom de la peur...

Keepin' On.

Sometimes I feel the power over me
The successful feeling floods through me
I know I can do it--I become very sure
I start to begin as my spirit begins to soar
I can start to see progress
Without a doubt in my mind
But then I can't see anymore
As if I went blind
I know I can get there
The end is there in my sight
Keep, keep, keepin' on
You are getting near the light
The light of your destiny
Your dreams crystal clear
Don't give up now
All in the name of fear…

Mulholland Drive Down, Mulholland Drive, Hollywood, California

Hydra Gateway, Catalina Island, California

L'Attente

Comment puis-je apaiser la douleur
Quand tout ce que je fais est de penser ?
J'ai l'impression d'être coincé maintenant
En ce moment même, la vie semble puer.

Je n'ai personne avec qui partager les choses
Je me sens complètement seule~
Pourquoi les choses ne peuvent-elles pas être meilleures ?
Je sais, je sais, je sais

J'essaie de progresser
Bien que cela prenne tellement de temps
Je continue de me battre pour mes objectifs
Affronter mes peurs ne semble pas si mal

Parfois, je me sens assez forte
Pour m'en sortir et réussir
Apprendre à être dans la vie
Est un processus difficile en effet

Je ne peux qu'espérer chaque jour avoir la force
Pour me guider dans ce voyage
Ça ne peut pas durer éternellement
Mais je désire tant assouvir ce désir.

The Waiting

How can I ease the pain
When all I do is think?
I feel like I'm stuck now
Right now, life seems to stink.

I have not a person to share things with
I feel all alone
Why can't things be better?
I know, I know, I know

I'm trying to get ahead
Although it is taking so long
I keep pining away at my goals
Facing my fears doesn't seem so wrong

Sometimes I do feel strong enough
To muddle through and succeed
Learning how to be in life
Is a difficult process indeed

I can only hope each day for strength
To guide me on this journey
It can't go on forever
But I long to satisfy this yearning.

Millions of Monarchs, Beverly Hills, California

Sun Kin, Santa Monica, California

Cette Peur Monstrueuse

Pourquoi cette décision semble-t-elle si difficile à prendre ?
Quelle voie choisir et comment y parvenir, ces questions remplissent sans cesse mon esprit
Je me répète de simplement choisir une voie et de progresser
Mais cette indécision statique bloque le flux fluide

"Je ne peux pas" sont les mots que semble dire cette peur monstrueuse
Pourtant, tu PEUX le faire - tout ne peut pas se réaliser en un seul jour
Il me faut quelque chose de revigorant dans cette période terne
Un souffle d'air frais pour raviver et trouver mon chemin hors de ce labyrinthe

Personne d'autre ne peut le faire - je sais que cela ne peut venir que de moi
Le lâche se dresse fièrement alors que l'indécision lui sourit
Ce sentiment désespéré reste persistant, présent partout
Je réalise qu'il ne disparaitra pas - mais je dois trouver les aspects positifs

Le pouvoir est en moi - commence à prendre le contrôle
Une fois que tu te lances, tout devrait se dérouler plus facilement
Il faut que je fasse quelque chose pour éclaircir ma vision
Ce monstre appelé peur est aussi connu sous le nom d'indécision

That Monster Fear

Why is it tough to find this decision to make?
Which direction and how to get there constantly crowd my plate
I think to myself just pick one and go
This static indecision prevents a fluid-like flow

"I can't" are the words this monster fear seems to say
But, You CAN do it--not everything in just one day
Something vivid has to happen in this colorless phase
I need some fresh air to revive to find my way out of this maze

No one can do it--I know it must only be me
The coward stands tall when indecision smiles at he
That hopeless feeling still resides all over and around
I understand it does not diminish--just the positives need to be found

The power is within me--start taking control
Once you begin--it should start to unroll
Something must be done so I can clear up my vision
That monster they call fear is also nicknamed indecision

Lambs of Love, Grindelwald, Switzerland

Sequoia Seduction, Tulare County, California

Désespoir

Vide et seule
Je le ressens à l'intérieur

Vide et seule
L'amour que j'avais est mort

Vide et seule
La privation ne peut se cacher

Vide et seule
Toujours ce trajet cahoteux

Vide et seule
Juste en train de passer

Vide et seule
Je veux être dans un état d'euphorie

Vide et seule
Je me demande pourquoi

Vide et seule
Serait-ce pire de

dire
adieu ?

Desperation

Empty and alone
I feel it inside

Empty and alone
The love I had died

Empty and alone
The deprivation can't hide

Empty and alone
Always that bumpy ride

Empty and alone
Just making it by

Empty and alone
I want to be high

Empty and alone
I ask myself why

Empty and alone
Would it be worse

To say
Goodbye?

Vatican Peace, Rome, Italy

Golda Glory, Los Angeles, California

Jeanne D'arc

Salut, Jeanne d'Arc.
Comment as-tu su ?
Ta passion, tes émotions,
Dans quelle direction aller ?
Comment as-tu décidé ?
Qu'est-ce qui t'a poussée ?
Comment es-tu restée si concentrée
Sur ce que tu t'apprêtais à faire ?
Malgré ta conviction,
Comment es-tu restée si forte,
En le visualisant aussi ?
Ton esprit me touche,
Je suis inspirée par ta détermination,
Cependant, ma concentration ne voit pas une telle lutte définitive.
Je dois pouvoir prouver quelque chose,
Je suppose que ça se produira,
Je sais que ça va arriver,
Avec le temps,
Ça se manifestera.
Décide.
Définis.
Choisis.
Poursuis.
Crois en toi.
Je ne peux pas être brûlée sur le bûcher
Avec ma persévérance tenace.

Joan D' Arc

Hey, Joan.
How did you know?
Your passion, your feeling
Which direction to go?
How did you decide
What made you move
How did you stay so focused
On what you were about to do?
Despite the conviction
How'd you stay so strong
Envisioning it all too?
I feel moved by your spirit
Moved by your drive
However, my focus doesn't see in such definitive strive
I must be able with something to prove
I guess it will come about
I know it is about to
In time
It will show through
Decide.
Define.
Choose.
Pursue.
Belief in you
I can't be burned at the stake
With my tenacious follow through.

Joan d'Arc and the Pink Cadillac, Paris, France

Salute Her, Paris, France

Le Voyageur

Mon attente est d'être fasciné --
Je peux à peine attendre
De voir l'infinie beauté d'une nouvelle terre,
De la voir réellement de mes propres yeux.
Volant si haut dans le ciel --
Avec les nuages flottant à proximité.
Avec la montée de l'avion
Mes soucis descendent- je ne peux pas me plaindre.
Je ressens la liberté d'un oiseau.
Choisissant de vivre la vie pour de vrai,
Plus de ceci, plus de cela.
Laissez le négatif partir vers nulle part où je me trouve.
Bons voyages à toi dans ta nouvelle aventure,
Laissez l'œil de votre esprit capturer vraiment.

The Traveler

My anticipation is to be in fascinate--
I can barely wait.
to see infinite beauty of a new land,
to actually view it firsthand.
Flying so high in the sky--
with the clouds afloat nearby.
With the ascent of the plane
my troubles descend--I can't complain.
The freedom of a bird is what I feel.
Choosing to live life for real
No more of this, no more of that.
Let the negative go to nowhere I'm at.
Happy trails to you on your new adventure.
Let your mind's eye truly capture.

Tree of a Kind Full, West Hollywood, California

Fascination Free, Toluca Lake, California

Le Moment Est Venu

Le moment est maintenant
Oublie demain
Quelqu'un pourrait mourir
Et alors, que dire du chagrin
C'est le maintenant qui est là
Pas hier ni demain
Implique-toi
Oublie le chagrin
Fais ce qui te rend heureux
Oublie l'argent
Fais ce que tu aimes
Alors le bonheur te trouvera
Tellement doux ce sera
Alors tu verras
La partie la plus importante
Est d'être heureux
Attrape-le
C'est à toi de le prendre
Réfléchis bien
Et arrête de faire les erreurs que tu fais
Tu peux voir à travers la réflexion
Et ce sentiment dans tes entrailles
Que bientôt, un jour
Tu sortiras de cette ornière
Quand ce jour viendra
Plus tôt que prévu
Tu seras en train de planer
Avec les étoiles, le ciel et la lune
Le moment est maintenant
N'attends pas une seconde de plus
La vie est trop courte
Pour forcer quoi que ce soit à s'adapter
Ça viendra en temps voulu
Alors tu verras
Pourquoi tout cela
Était si destiné à être...

The Time Is Now

The time is now
Forget about tomorrow
Someone could die
Then what about sorrow
It is the now that is here
Not yesterday or tomorrow
Involve yourself
Forget about sorrow
Do what makes you happy
Forget about the money
Do what you love
Then happiness will find thee
So sweet it will be
Then you will see
The most important part
Is to be happy
Reach out and get it
It's yours for the taking
Think things through
And stop making the mistakes you're making
You can see through reflection
And that feeling in your gut
That someday soon
You will be out of that rut
When that someday comes
Sooner than soon
You will be soaring up above
With the stars sky and moon
The time is now
Don't wait another bit
Life is too short
To force any pieces to fit
It'll come in time
Then you will see
Why all of this
Was so meant to be...

Rainbow Arrival, Prague, Czech Republic

Hue Hollywood, Hollywood, California

Amour, Venise

Ah! Venezia
Je peux à peine croire
Que mon rêve est devenu réalité
La magie, l'amour et l'esprit que je ressens en toi
Un romantisme désespéré de tout ce qui peut être vu
Aimer ce sentiment que le romantisme peut apporter

Ah! Venezia
Comme tu es spéciale
Te rencontrer au coucher du soleil
Si près, pas loin

Je t'aime et tout ce que tu es...
J'attends avec impatience le Pont des Soupirs
Où mon amour restera pour toujours
Même après ma mort
Ah! Venezia.
Amore.
Une étoile...oh, mon dieu!

Love, Venice

Ah! Venezia
I can hardly believe
My dream has come true
The magic, the love and the spirit,
I feel in you
Hopeless romanticism of all that can be seen
Loving this feeling that romance can bring

Ah! Venezia
How special you are
Meeting you at sunset
How close—not far
Love you and all that you are…

Looking forward to the Bridge of Sigh
Where my love will remain forever
Even after I die
Ah! Venezia.
Amore.
A Star…oh, my!

Morning Stop, Venice, Italy

Love is on the Way, Venice, Italy

Pourquoi?

Pourquoi le soleil me donne-t-il une sensation de bien-être quand il se couche dans le ciel ?
Pourquoi ressens-je de la tristesse en voyant un enfant commencer à pleurer ?

Pourquoi cela m'étonne-t-il lorsque mes rêves se réalisent ?
Pourquoi me faut-il une éternité pour t'aimer ?

Pourquoi dois-je partir et ne pas pouvoir rester ?
"Pourquoi ?" disaient les Romains, "Rome ne s'est pas construite en un jour!"

Pourquoi est une question qui remplit toujours mon esprit.
Pourquoi la réponse est-elle si difficile à trouver ?

Pourquoi est la question qui mène à qui, quoi et où.
Quand est une autre --- pouvez-vous m'aider à y arriver ?

Pourquoi perdre du temps -- aussi doux qu'il pourrait être ?
Pourquoi les feuilles soufflent-elles quand il y a du vent ?

Pourquoi est-ce que "les fous tombent amoureux"?
... y a-t-il un lien avec les étoiles là-haut ?

Pourquoi, oh pourquoi, s'il te plaît dis-moi pourquoi ?
'Y' est une lettre tordue !» rigola le vieux farceur.

Y?

why does the sun make me feel good as it sets in the sky?
why do I feel sad when I see a child start to cry?

why does it amaze me when my dreams come true?
why does it take forever for me to love you?

why must I go and cannot stay?
"why?" said the Romans, "Rome wasn't built in a day!"

why is a question that always fills my mind.
why is the answer so hard to find?

why is the question that leads to who, what and where.
when is another---can you help me get there?

why waste time--so sweet it could be?
why do the leaves blow when it is windy?

why is it that 'fools fall in love'?
...is there any relation to the stars up above?

why, oh why, please tell me why?
"Y is a crooked letter!" laughed the silly, old guy.

Adriatic Adrift, Portofino, Italy

Beaut Blue, Los Angeles, California

Dedicace Speciale et Merci, Dr. Iradj Haskell Nazarian

qui était là pour moi lorsque j'en avais le plus besoin et qui a créé le plus beau jardin que je pouvais espérer, ainsi que pour soutenir premiere le projet Millions de Monarchs avec "Listen Your World".

J'admire votre excellence en médecine, reconnue mondialement pour votre découverte de la maladie parasitaire pulmonaire, Pneumocystis Carinii, dans un orphelinat iranien, ainsi que votre découverte et votre traitement au laser de la maladie canine transmise aux animaux, le kyste hydatique.

Et surtout, votre dévouement et votre amour pour votre famille, ainsi que votre engagement pour garantir toujours leur bien-être et leur liberté.

Merci infiniment pour toutes les magnifiques fleurs qui ont orné le jardin et ce livre.

Je t'aime.

Special Dedication and Thank You
To Dr. Iradj Haskell Nazarian

…who was there for me when I needed someone the most, for making the most beautiful garden I could ask for and supporting the first Millions of Monarchs project with Listen Your World too.

I acknowledge your greatness in medicine for world recognition upon your discovery of lung parasitic disease, Pneumocystis Carinii, in an Iranian orphanage, your laser eye discovery and cure for the dog disease transmitted by dog to animals, Hydatid Cyst.

Most importantly, your commitment and love for your family and daughters' freedom to always provide and work hard for them and their lives.

Thank you forever for all the beautiful flowers I got to have in the garden and in this book.

I love you.

À propos de l'auteure

Au Monde,

Je suis ravie d'écrire ces mots pour reconnaître et représenter une femme remarquable qui a autrefois fait partie de ma classe à Kearny, dans le New Jersey. Au fil des années d'enseignement, j'ai rencontré de nombreux élèves et quelques-uns se sont démarqués. Kellyann Chippendale en faisait partie. Il n'était pas surprenant d'apprendre que mon ancienne élève était devenue une écrivaine créative et une poète. Kelly manifestait un amour pour la littérature et l'écriture. Elle lisait bien au-dessus du niveau attendu pour son âge et était

toujours désireuse de lever la main et de répondre avec enthousiasme aux questions de compréhension difficiles. Elle apportait chaque jour une lumière éclatante dans la classe, acceptant toujours tout le monde et accueillant les nouveaux élèves avec un sourire joyeux - faisant preuve de gentillesse. Cette qualité s'est poursuivie à l'âge adulte.

Lorsque j'ai pris contact avec elle en Californie de nombreuses années plus tard, elle n'a pas hésité à accepter une demande et s'est portée volontaire pour venir chercher ma belle-fille et ma petite-fille sans hésitation pour s'assurer qu'elles rentraient chez elles en toute sécurité. Elle a refusé catégoriquement toute compensation ; un véritable acte de gentillesse - prendre soin d'étrangers. En réfléchissant à ma carrière d'enseignante, je me sens bénie d'avoir eu le privilège de l'enseigner. Elle est devenue une femme incroyablement créative qui continue à faire une différence dans la vie des autres. Toujours en quête de rendre le monde plus lumineux avec sa positivité.

Sincèrement,

Mme Terri Kaag
Éducatrice/Conseillère, Épouse, Mère,

About The Author

To the World,

I am delighted to write these words to acknowledge and represent a remarkable woman who once was part of my classroom in Kearny, NJ. There have been many students that I have encountered through my years of teaching and have few students who stood out.

Kellyann Chippendale was one. It was no surprise to learn that my former student grew up to be a creative writer and poet. Kelly demonstrated a love of literature and writing. She was reading well above grade level and always eager to raise her hand and eager to answer challenging comprehension questions.

She brought a shining light into the classroom daily, always accepting everyone and welcoming new students within the room and in groups with a cheerful smile— always displaying kindness. This trait carried into adulthood.

When I reached out to her in California many years later, she did not hesitate to say yes to a request and volunteered to pick up my daughter-in-law and granddaughter without hesitation to make sure they got home safely. She totally refused to accept any compensation; a true act of kindness—taking care of strangers.

As I reflect on my teaching career, I feel blessed to have had the privilege of teaching her. She has grown into an amazing, creative woman who continues to make a difference in the lives of others and constantly, striving to brighten the world with her positivity.

Sincerely,

Mrs. Terri Kaag
Educator/Counselor, Wife, Mother, Grandmother

#LISTENYOURWORLD

Kellyann Chippendale is a "Jersey girl" who was a teacher and soccer coach before her artist came to the stage. Literally getting her start at Gotham Comedy Club in NYC to battle stage fright; she began producing shows from the start to create teamwork with other comedians.

Since then she has performed at Stand Up NY, Sloan Kettering Hospital to give laughter to the cancer patients, NY Comedy Club, The Comedy Store, Laugh Factory as well as Harrah's Casino in Las Vegas.

Beginning her acting/producing/ career at New York Int'l Fringe Festival, with a play she script doctored, TWO-mur Humor; He's Malignant, She's Benign garnered favorable New York Times reviews and spurred The Tumor Humor Fund a charity to help childhood cancer survivors pay medical bills.

Upon her journey out west, she landed at Playhouse West where she doubled with film at their FilmLab and as an actress/writer/producer/director creating her first short that went on to win six awards as a tribute to Sanford Meisner, Getting Meisnered, int'l debuting in Monte Carlo. She toured the country speaking with, The Possibility Tour, to create listening, inspiration and dialogue for her alma mater, Kearny High School, Kearny, NJ and in Atlanta, San Francisco, Chicago, New York Film Academy and Esalen Inspirational Film Festival in Big Sur. In addition, she created a Meisner trilogy, Meinsered In Monaco: A Peacemaking Mission, highlighting the only non violent film festival in the world and MEISNERED, her dream come true story of becoming an actress.

She also created a series, now a documentary, on Amazon, about the humanity of Hollywood through a history of Oscar winners called ...And The Winners Are. Currently, she is in production with a new feature documentary, Listen Your World: How Are You Listening? to highlight the valuable aspect of listening and how it can create peace in the world today.

She can be reached at www.listenyourworld.com, her home for her new film, games and course called Listening Ontological Miracles. Her photos from this book and more can be seen and purchased at www.photographybychippendale.com. Thank you kindly for your support!

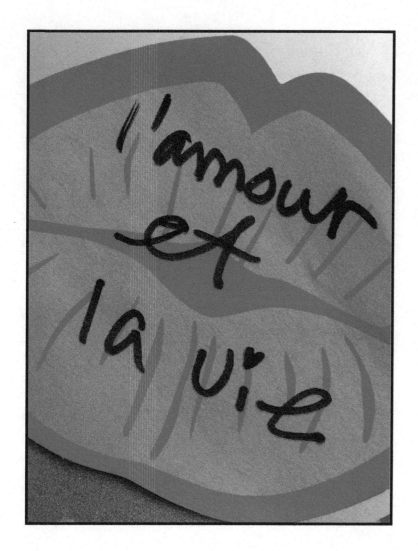

There is a power in words, an infinite power
to revive, restore and make life blaze anew.
There is a life in poetry,
a limitless, eternal life
that can stir and arouse a
society to new vibrancy.
—Daisaku Ikeda